AF461116

(1873 Avril 8)

Decamps
+ Meissonier
Barye

Vente du Mardi 8 Avril 1873

SALLE N° 3

TRÈS-BELLE COLLECTION

AQUARELLES

ET

DESSINS MODERNES

EXPOSITIONS :

PARTICULIÈRE	PUBLIQUE
Le Dimanche 6 Avril 1873	*Le Lundi 7 Avril 1873*

COMMISSAIRE-PRISEUR :	EXPERT :
Me CHARLES PILLET,	M. BRAME,
10, rue Grange-Batelière.	47, rue Taitbout.

Yd

CATALOGUE

D'UNE TRÈS-BELLE COLLECTION

AQUARELLES

ET

DESSINS MODERNES

DONT LA VENTE AURA LIEU

HOTEL DROUOT, SALLE N° 3

Le Mardi 8 Avril 1873

A deux heures et demie précises.

Par le ministère de Me CHARLES PILLET, 10, rue de la Grange-Batelière.

Assisté de M. BRAME, Expert, 47, rue Taitbout,

Chez lesquels se trouve le présent Catalogue.

EXPOSITIONS :

PARTICULIÈRE : Le Dimanche 6 Avril 1873

PUBLIQUE : Le Lundi 7 Avril 1873

DE UNE HEURE A CINQ HEURES.

CONDITIONS DE LA VENTE.

Elle sera faite au comptant.

Les adjudicataires payeront *cinq pour cent* en sus des enchères.

Paris. — Typ. Pillet fils aîné, rue des Grands-Augustins, 5.

DÉSIGNATION

BARON

150. 1 — Scène vénitienne.

Aquarelle. Haut., 20 cent.; larg., 15 cent.

BARYE

1,800. 2 — Serpent boa.

Aquarelle. Haut., 27 cent.; larg., 37 cent.

BARYE

1.505. 3 — Tigre à l'affût.

Aquarelle. Haut., 25 cent.; larg., 33 cent.

BARYE

1.810 4 — Léopard.

Aquarelle. Haut., 23 c. 1/2; larg., 29 c. 1/2.

BARYE

1.505 5 · Le Renne.

Aquarelle. Haut., 23 c. 1/2; larg., 29 c. 1/2.

BARYE

1.850 6 — Ours noir.

Aquarelle. Haut., 23 c. 1/2; larg., 29 c. 1/2.

BARYE

7 — Troupeau de biches.

Aquarelle. Haut., 15 cent.; larg., 25 c. 1/2.

BARYE

8 — Tigre se roulant.

Aquarelle. Haut., 23 cent.; larg., 29 cent

BARYE

9 — Lion couché.

Aquarelle. Haut., 23 c. 1/2; larg., 30 cent.

BARYE

10 — Lion en arrêt.

Aquarelle. Haut., 24 cent.; larg., 33 cent.

BARYE

11 — Combat du serpent boa et du léopard.

Aquarelle. Haut., 21 cent.; larg., 27 cent.

BARYE

12 — Lion flairant.

Aquarelle. Haut., 16 cent.; larg., 25 cent.

BARYE

13 — Tigre couché.

Aquarelle. Haut., 16 cent.; larg., 25 cent.

BARYE

14 — Ours blanc terrassant un taureau.

Aquarelle. Haut., 21 cent.; larg., 34 cent.

BARYE

15 — Zèbre.

Aquarelle. Haut., 16 c. 1/2; larg., 24 cent.

BARYE

16 — Lion marchant.

Aquarelle. Haut., 24 cent.; larg., 32 cent.

BIDA

17 — Pèlerins revenant de la Mecque.

Composition capitale.
Vente Pereire.

Dessin. Haut., 58 cent.; larg., 88 cent.

BONNINGTON

18 — Ecossais en prière.

Aquarelle. Haut., 23 cent.; larg., 16 cent.

BONNINGTON

19 — Seigneur conduisant une dame.

Sépia. Haut., 15 cent.; larg., 10 cent.

BROWN

(J.-L.)

20 — Le Départ.

Aquarelle. Haut., 26 cent.; larg., 30 cent.

BROWN

(EUG.)

21 — L'Arrivée.

Aquarelle. Haut., 26 cent.; larg., 30 cent.

CHARLET

525. 22 — Troupier en 1830.

Aquarelle. Haut., 00 cent.; larg., 00 cent.

DAUMIER

353. 23 — La Plaidoirie.

Dessin rehaussé. Haut., 00 cent.; larg., 00 cent.

DECAMPS

C'était à moi

24 — La Course.

Aquarelle. Haut., 30 cent.; larg., 50 cent.

Il a retiré avant la Vente.

Signé D. C. à gauche.

Au milieu d'une plaine, bornée à gauche [illegible] un cavalier [illegible] galope auprès d'une jeune femme, [illegible] montée sur un cheval blanc [illegible] flotte au vent. —

DECAMPS

1205. 25 — Ane chargé. Souvenir d'Orient.

Dessin. Haut., 21 cent.; larg., 32 cent.

DECAMPS

2.950. 26 — Soldats cimbres.

~~Dessin rehaussé~~ aquarelle. Haut., 40 cent.; larg., 31 cent.

DECAMPS

3.850. 27 — Intérieur de cour en Italie.

Aquarelle. ~~Haut., 19 c. 1/2; larg., 31 c. 1/2.~~ H. 66c. L. 44c.

DECAMPS

28 — Scène d'Orient.

Aquarelle esquisse. Haut., 00 cent.; larg., 00 cent.

DELACROIX

(EUG.)

29 — Descente de croix.

D'après le Tintoret.

Aquarelle. Haut., 59 cent.; larg., 44 cent.

DELACROIX

(EUG.)

30 — Tigre se désaltérant.

Vente Delacroix.

Aquarelle. Haut., 26 cent.; larg., 30 cent.

DELACROIX

(EUG.)

31 — Rochers au bord de la mer.

Vente Eug. Delacroix.

Dessin rehaussé. Haut., 43 cent.; larg., 30 cent.

DELACROIX

(EUG.)

32 — Paysage anglais. — Village au bord d'une rivière.

Vente Eug. Delacroix.

Aquarelle. Haut., 15 cent.; larg., 20 cent.

DELACROIX

(EUG.)

33 — Cheval en liberté dans une prairie.

Effet de soir.

Aquarelle. Haut., 16 cent.; larg., 27 cent.

DIAZ

(N.)

34 — Sous bois.

Aquarelle. Haut., 15 cent.; larg., 24 cent.

DIAZ

(N.)

35 — Intérieur de forêt.

Aquarelle. Haut., 15 cent.; larg., 23 cent.

DUPRÉ

(JULES)

36 — Mare entourée de grands arbres.

Aquarelle. Haut., 15 cent.; larg., 23 cent.

DUPRÉ

(JULES)

37 — Étude de forêt.

Aquarelle. Haut., 37 cent.; larg., 55 cent.

DUPRÉ

(J.)

38 — Lisière de forêt. (Compiègne.)

Dessin. Haut., 55 cent.; larg., 43 cent.

FRÈRE

(ÉDOUARD)

39 — Le Marchand d'images.

Croquis à la plume. Haut., 11 cent.; larg., 15 cent.

GÉRICAULT

40 — Jeune homme présenté à Voltaire.

Aquarelle. Haut., 00 cent.; larg., 00 cent.

GÉRICAULT

41 — Jockey à cheval.

Sépia. Haut., 00 cent.; larg., 00 cent.

GÉRICAULT

42 — Plafonds d'après Michel-Ange.

Deux pendants.

Dessin. Haut., 00 cent.; larg., 00 cent.

GÉRICAULT

43 — Croquis divers sur une même feuille.

HARPIGNIES

44 — Le Soir.

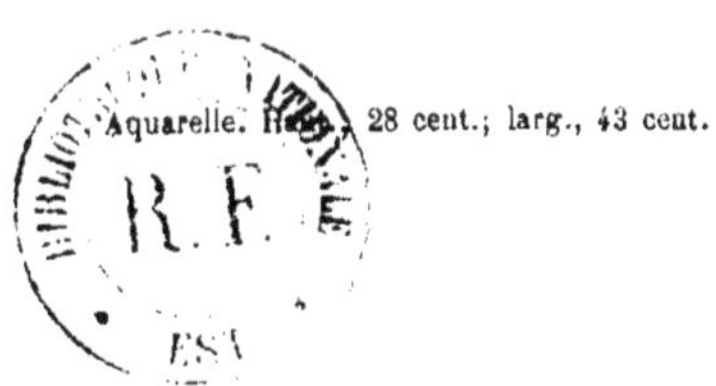

Aquarelle. Haut., 28 cent.; larg., 43 cent.

HARPIGNIES

45 — Le Pavillon de Flore aux Tuileries. Vue prise de la berge.

Aquarelle. Haut., 25 cent.; larg., 17 cent.

HÉBERT

46 — Filomena.

Dessin rehaussé. Haut., 28 cent.; larg., 21 cent.

INGRES

47 — Les Arts.

Projet de médaille pour une exposition des Beaux-Arts.

Dessin. Haut., 18 cent; larg., 18 cent.

ISABEY

(EUG.)

48 — Intérieur de cour. Bretagne.

Aquarelle. Haut., 25 cent.; larg., 33 cent.

ISABEY

(EUG.)

49 — Portique d'église. Bretagne.

Aquarelle. Haut., 24 cent.; larg., 33 c. 1/2.

LAMY

(EUG.)

50 — Une Fête à Venise.

Une foule de personnages masqués sortent d'un palais et s'embarquent dans des gondoles.

Aquarelle. Haut., 26 cent.; larg., 46 cent.

LAMY

(EUG.)

51 — Masques se promenant sur une terrasse.

Première pensée de la décoration d'un fumoir au château de Ferrières.

Esquisse. Haut., 24 cent.; larg., 63 cent.

MARILHAT

52 — ~~Le Retour de la Mecque.~~

Esquisse à l'essence. Haut., 28 cent.; larg., 53 cent.

MARILHAT

53 — Vue de Chypre.

Dessin. Haut., 31 cent.; larg., 47 cent.

MEISSONIER

54 — Napoléon à cheval.

Croquis à la plume. Haut., 23 cent.; larg., 16 cent.

MILLET

55 — La Leçon de tricot.

Une paysanne, assise près d'une fenêtre, donne une leçon de tricot à sa petite fille.

Dessin rehaussé. Haut., 35 cent.; larg., 28 cent.

MILLET

56 — L'Hiver.

Deux femmes gardant des moutons sur la lisière d'un bois, se chauffent à un grand feu.

Dessin rehaussé. Haut., 31 cent.; larg., 38 cent.

MILLET

57 — Jeune mousse dans les haubans d'un navire.

Dessin. Haut., 21 cent.; larg., 10 cent.

MILLET

(J.-B.)

58 — Champs à Chailly.

Aquarelle. Haut., 23 cent.; larg., 13 cent.

MILLET

(J.-B.)

59 — Jardin à Barbison.

Aquarelle. Haut., 16 cent.; larg., 22 cent.

PRUD'HON

60 — Vénus.

Vente Boisfremont.

Dessin rehaussé. Haut., 00 cent.; larg.; 00 cent.

PRUD'HON

61 — Adonis.

Vente Boisfremont.

Dessin rchaussé. Haut., 00 cent.; larg., 00 cent.

PRUD'HON

340. 62 — La Vengeance poursuivant le crime.

Vente Boisfremont.

Dessin. Haut., 00 cent.; larg., 00 cent.

PRUD'HON

300. 63 — Amour jouant.

Vente Boisfremont.

Dessin. Haut., 00 cent.; larg., 00 cent.

PRUD'HON

64 — L'Impératrice Joséphine dans le jardin de la Malmaison.

Esquisse. Dessin rehaussé. Haut., 34 cent.; larg., 63 cent.

PRUD'HON

65 — Entrevue de l'Empereur Napoléon et de l'empereur d'Autriche, aux avant-postes après Austerlitz.

Esquisse. Dessin rehaussé. Haut., 20 cent.; larg., 26 cent.

PRUD'HON

6 — Entrevue des trois empereurs.

Esquisse. Dessin rehaussé. Haut., 28 cent.; larg., 20 cent.

REGNAULT

(HENRI)

67 — Troupeau de vaches allant boire.

Dessin. Haut., 27 cent.; larg., 46 cent.

REGNAULT

(HENRI)

68 — Chevaux conduits au marché.

Dessin. Haut., 26 cent.; larg., 46 cent.

REGNAULT

(HENRI)

69 — Tombereau de sable attelé de deux chevaux.

Dessin. Haut., 27 cent.; larg., 46 cent.

REGNAULT

(HENRI)

70 — Les chevaux de trait.

Dessin. Haut., 19 cent.; larg., 45 cent.

REGNAULT

(HENRI)

71 — Tombereau de pierres, attelé d'un cheval.

Dessin. Haut., 18 c.; larg., 30 cent.

ROUSSEAU

(THÉODORE)

72 — Rivière baignant une prairie.

Aquarelle. Haut., 22 cent.; larg., 32 cent.

ROUSSEAU

(PH.)

225. 73 — Nature morte.

Deux oranges dont une ouverte, oignons, etc., sur une table.

Aquarelle. Haut., 21 cent.; larg., 33 cent.

fin. pas. large. délicieuse Aquarelle.

SCHLOESSER

60. 74 — La Leçon de chant.

Dessin rehaussé. Haut., 14 cent. ; larg., 9 cent.

TROYON

250. 75 — Paysage aux environs de Trouville.

Pastel. Haut., 21 cent.; larg., 31 cent.

VIBERT

76 — Femme de pêcheur raccommodant ses filets.

Aquarelle. Haut., 29 cent.; larg., 18 cent.

WATTIER

77 — Causerie au parc.

Aquarelle. Haut., 21 cent.; larg., 17 cent.

WORMS

78 — Intérieur d'une posada.

Dessin à la plume. Haut., 18 cent.; larg., 24 cent

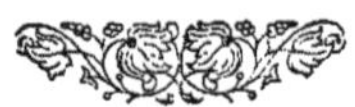

www.ingramcontent.com/pod-product-compliance
Ingram Content Group UK Ltd.
Pitfield, Milton Keynes, MK11 3LW, UK
UKHW020516180726
13839UKWH00005B/2121

9 782329 529769